EL ERROR
LUTERANO

F. Austin Gibbon Burke

Doctor en Sagrada Teología
(fl. 1660)

EL ERROR LUTERANO

Traducción española fragmentaria del latín de
Patricio Shaw Mihanovich

Edición bajo el cuidado de
José Antonio Bielsa Arbiol

VOCE

1.ª edición: abril 2022

Ilustración de cubierta: *El gran día de su ira* (c. 1851)*, de John Martin

© De la presente edición: **VOCE**
© De la traducción y de las notas: Patricio Shaw Mihanovich

Maquetación y revisión: José Antonio Bielsa Arbiol

ISBN: 979–8449–296–62–7
Depósito legal: Z 586–2022
Impreso en la UE

Venta y distribución: Amazon Media EU S.à r.l.

✠

EL ERROR LUTERANO
ó
EL LUTERO-CALVINISMO CISMÁTICO
PERO RECONCILIABLE
del Rev.ᵈᵒ P. F. Austin Gibbon Burke,
fue publicado el año de 1663
en Erfurt, Sajonia, Sacro Imperio.

Con licencia:
1º de Fr. Bernardo Bailly, Provincial Agustiniano;
2º de Juan Daniel Gudenus, Doctor en Sagrada Teología;
3º de Juan Jodocus Hunold, Protonotario Apostólico.

DISPUTACIÓN II
*Visibilidad e indefectibilidad
de la verdadera Iglesia*

CUESTIÓN III
*Si la Iglesia Católica visible
puede errar en la fe*

§ 1. Tras algunos preámbulos se prueba la verdad católica a partir de las Sagradas Letras

I. Preámbulo 1°: Aquí no se habla de iglesias particulares o de algunas partes de la Iglesia universal, pues está fuera de controversia que algunas partes de la Iglesia pueden errar y hasta han errado de hecho, como se echa de ver en los arrianos, pelagianos, donatistas, nestorianos, eutiquianos, etc., todos los cuales desertaron de la Iglesia Católica. Porque las promesas de infalibilidad y de asistencia del Espíritu Santo que se han de referir más abajo no se entienden hechas a las iglesias particulares, sino a la universal y católica, única de la que procede nuestra cuestión.

II. Acerca de esto advierte que, bien que Dios a menudo permita que la Iglesia yerre y deserte en uno u otro lugar, sin embargo dispone con admirable providencia que reverdezca y florezca en otro lugar y pueblo, de manera que, por así decir, *la corrupción de lo uno sea la generación de lo otro*[1]. Porque, anubarrada la Iglesia por varias sectas en muchas partes de Europa, su eximio esplendor se extendió felizmente a los extremos de América y a las Indias Orientales, y allí resplandece con gran fulgor en los vastísimos reinos mexicano y peruano, como también en las islas Filipinas. Porque,

---

[1] Aristóteles, *Libro I de la generación y corrupción*, 3, p. 319a, 28ss: "ἡ γὰρ γένεσις φθορὰ τοῦ μὴ ὄντος, ἡ δὲ φθορὰ γένεσις τοῦ μὴ ὄντος": pasar-a-ser es un dejar-de-ser de lo que no es y dejar-de-ser es un pasar-a-ser de lo que no es.

como se da en la mayoría de los casos, Dios no permite que algunos caigan sin erigir a otros en su lugar, como colige Santo Tomás en la *Suma Teológica* I, q. 23, a. 6 ad 1, de aquellas palabras de Job 34, 24: "El cual quitará de en medio a una multitud innumerable, y sustituirá otros en su lugar". "Así, pues —dice Santo Tomás en el mismo lugar—, es como en el lugar de los ángeles caídos están los hombres; y en el de los judíos, los paganos".

III. Dirás que la Iglesia Romana es particular y por lo tanto también ésta está sujeta al error si las particulares pueden errar cada una por su cuenta.

IV. Respondo que la Iglesia Romana puede tomarse en dos sentidos: 1° Por la colección de todos los fieles que, dispersos en todo el orbe, adhieren al Romano Pontífice y reconocen al mismo como cabeza; y ésta no es una iglesia particular, sino la católica, que no puede errar, aunque sea y se diga romana por la denominación tomada de la Cabeza y de la parte más principal. 2° Por la Iglesia especial que florece en la ciudad romana y en su dominio. También tomada de este modo no puede errar, no porque sea particular o romana, sino porque tiene de cabeza y rector al Sumo Pontífice, que en asuntos de fe y costumbres por definir en virtud de las promesas divinas no puede fomentar el error. De este asunto se ha tratado profusamente en el *Tratado de la Cabeza de la Iglesia*.

V. Preámbulo 2°: Entre nuestros adversarios y nosotros convenimos en que la Iglesia universal y Católica militante en cuanto a la totalidad de sus miembros y en cuanto subordinada a las promesas divinas no puede errar en los artículos necesarios o fundamentales de la fe y las costumbres.[2]

---

[2] Así, Calvino en el libro 4 de sus *Instituciones*, cap. 8, § 12; Luis Crocius en su *Tomo 1*, contr. 5, lect. 8, n° 4 y Tomo 2, cont. 12, lect. 12, n° 30. Juan Gerhard en el cap. 9 *Sobre los lugares teológicos de la Iglesia*, pág. 785; Bartolomé Keckermann en su *Sistema*, lib. 3, c. 6; Juan Enrique Ursin en Dom. 21, cuestión 54, § 4, n° 2; Guillermo du Buc en loc. 42, § 24; Jorge Calixto en la

Todos enseñan a una que la Iglesia tomada en su totalidad según su propia esencia puede errar y a menudo erró en algunos artículos no fundamentales, o sea, por cuyo error no zozobrara el fundamento de la salvación eterna. Pero con el nombre de Iglesia Católica de continuo entienden la Iglesia invisible, porque, que todas las iglesias visibles y todos los concilios generales pueden absolutamente errar y a veces erraron, lo afirman comúnmente, además de los autores citados: *Confesión anglicana posterior*, artículo 21; *Confesión escocesa,* artículo 20; *Confesión remonstratense*, cap. 21, § 6; Guillermo Ames en su *Libro 2 sobre la Iglesia*, cap. 2, § 3 y otros que dicen contumazmente que toda la Iglesia visible que en los primeros cinco siglos floreció en la verdadera fe y religión, después desertó por algunos siglos y persistió en sus errores y supersticiones hasta los tiempos de Lutero y Calvino.

Respuesta a Moguntius, n° 117; Baltasar Meisner en *Sobre la Iglesia*, sección 4, c. 7, miembro 1 y otros.

VI. Dados estos preámbulos, ha de tenerse como objeto de fe que la Iglesia Católica militante y visible no puede errar en artículos de fe y costumbres por definir, como que está subordinada a las promesas divinas. Así lo sostienen todos los católicos. Pruébase: 1º Por Isaías 54, 4, donde el Profeta introduce a Cristo el Señor hablando así a su Esposa la Iglesia: "No temas, no quedarás confundida, ni tendrás de qué avergonzarte". ¿Y cómo estaría inmune de confusión si estuviera sujeta a errores en la fe? Sigue el Profeta en el versículo 10: "Aún cuando los montes sean conmovidos, y se estremezcan los collados, mi misericordia no se apartará de ti, y será firme la alianza de paz que he hecho contigo". Esto es, "antes podrán conmoverse los montes, que tú seas privada de mi protección". La razón de esta irrevocable alianza y de la estabilidad de la Iglesia la da en los versículos 11 y 12: "Pobrecilla, combatida tanto tiempo de la tempestad, privada de todo consuelo. Mira, yo mismo colocaré por orden las piedras, y te edificaré sobre zafiros, y haré de jaspe tus baluartes, y de piedras de relieve tus puertas, y de piedras preciosas todos tus recintos". Y en el versículo 17 ella está predicha inexpugnable a todos sus adversarios que, levantándose contra ella con diabólicas maquinaciones, no tendrán éxito antes bien serán condenados por ella misma como por legítimo juez: "Ningún instrumento preparado contra ti te hará daño; y tú condenarás toda lengua que se presente en juicio contra ti. Ésta es la herencia de los siervos del Señor, y ésta es la justicia que deben esperar de mí". Por estas palabras consta que de lo que se habla es la Iglesia visible, así como un juicio visible en que ella hasta entonces condenó visiblemente a todos los heterodoxos.

VII. Esta alianza de Dios se confirma en Isaías 59, 21: "Y éste es mi nuevo pacto con ellos, dice el Señor: El espíritu mío que está en ti, y las palabras mías que puse yo en tu boca, no se apartarán de tus labios, dice el Señor, ni de la boca de tus hijos, ni de la boca de tus nietos, desde ahora para siempre". Que con estas palabras se promete a la Iglesia la indefectibilidad para conservar la verdad de la palabra celestial, lo confiesa Juan Gerhard en la página 765. Además, que este privilegio compete a la Iglesia visible lo indican aquellas partículas: "las palabras mías no se apartarán de tus labios ni de la boca de tus hijos". Allí deliberadamente no se dice "de tu corazón", sino "de tu boca", para que se signifique que la perpetua y visible confesión externa de la fe no se apartaría de la boca de los ministros de la Iglesia. Pero se apartaría si la Iglesia pudiese errar.

VIII. Pruébase, 2°, a partir de aquello de 1 Timoteo 3, 15, donde la Iglesia se llama "columna y apoyo de la verdad". Este elogio compite sólo a la Iglesia Católica estando cualquiera particular sujeta a error, como con nosotros enseñan Calvino en su libro 4 de las *Instituciones*, cap. 1, § 10 y cap. 8, § 12; Guillermo du Buc en loc. 41. de *Sobre la Iglesia* § 27, n° 7; Pedro du Moulin en su libro 1, c. 2, § 1; Juan Gerhard en el cap. 2 de *Sobre la Iglesia* n° 10; Juan Musæus en la *Disputa 2*, n° 5; Horn en la disp. 5 de *Sobre la Iglesia* n° 3 y otros. Que deba entenderse de toda la Iglesia visible, lo confiesa Juan

Gerhard en el cap. 9 cit., pág. 805 y Calixto en la *Respuesta a Moguntius*, n° 34. Y así lo indican las palabras "cómo debes portarte en la casa de Dios", porque, ¿cómo podría Timoteo *portarse* en una iglesia invisible y desconocida a él? Lo hemos advertido en la cuestión precedente. Por lo tanto, si la Iglesia visible y universal es la columna y el apoyo o establecimiento de la verdad (como leen los neo-evangélicos), no puede estar sujeta a error, porque no puede decirse columna estable o apoyo lo que pueda sufrir derrumbe.

IX. Responde 1° Calvino que la Iglesia se dice columna y apoyo de la verdad no porque no pueda errar sino porque es la segurísima custodia o depositaria de la verdad o de la palabra de Dios escrita a quien le ha sido encomendado el tesoro de la doctrina celestial para que dé testimonio público de él.

X. Contra esto digo que no puede llamarse custodia segurísima de algún depósito aquella que lo dilapida, lo pierde, o no lo custodia fielmente; y que por lo tanto la Iglesia Católica no podría ser la segurísima custodia de la divina verdad si la perdiera o se desviara de ella o abrazara su contrario.

XI. Además, las palabras del Apóstol reclaman una propiedad arquitectónica mayor, pues un mero custodio o depositario impropiamente se diría columna o apoyo del depósito que le fuera entregado. Es, pues, en sentido arquitectónico que se dice la Iglesia columna y apoyo de la verdad, porque así como un edificio se apoya en sus columnas y fundamentos como en bases, así también los oscuros misterios de nuestra fe se apuntalan en la autoridad infalible de la Iglesia como en la regla que los propone. Porque si bien la verdad de la fe se apoya en la veracidad de Dios que la revela (que no puede ni engañarse ni engañar) como en su objeto formal y regla primaria, así y todo, como las cosas reveladas y la misma revelación son de por sí oscuras (porque Dios no nos habla inmediatamente como otrora a los profetas), nuestro intelecto no puede ser conducido a asentir a ellas si no se le proponen y aplican suficientemente para que él crea en ellas. Rom. 10, 14: "¿Cómo creerán en él, si de él nada han oído hablar? Y ¿cómo oirán hablar de él, si no se les predica?". Porque, no siendo evidentes, no fuerzan el entendimiento, sino que éste permanece desligado hasta ser determinado y cautivado al homenaje de la fe por el piadoso imperio de la voluntad; y para eso hace falta que tenga autoridad infalible quien la propone, o sea, que esté enviado legítimamente. Capítulo 10 citado, versículo 15: "Y ¿cómo habrá predicadores, si nadie los envía?" Y Hebreos 5, 4: "Ni nadie se apropie esta dignidad, si no es llamado de Dios, como Aarón". De esta manera fueron enviados los Apóstoles y sus sucesores legítimos. Marcos 16, 15: "Id; predicad el Evangelio a todas las criaturas". Porque no ha de creerse prudentemente a cualquier espíritu que se diga enviado si no muestra su comisión. Por eso Dios se queja de los falsos profetas en Jeremías 23, 21: "Yo no enviaba esos profetas falsos; ellos de suyo corrían por todas partes; no hablaba yo con ellos, sino que ellos profetizaban lo que querían". De aquí se elucida que la Iglesia necesariamente había de ser fortalecida con una autoridad infalible y con la comisión de proponernos y explicarnos los asuntos controvertidos de la fe para que les demos el debido asentimiento. Y por eso los asentimientos de nuestra fe se remontan a la Verdad Primera que revela como a la regla primera o razón formal del creer, y a la autoridad infalible de la Iglesia como a la condición necesaria que propone y aplica los objetos de la fe. En ésta también se apoyan como en columna y apoyo secundarios. En este sentido ha de entenderse el Santo Padre Agustín en su libro *Contra la carta de maniqueo*, capítulo 5, donde dice: "Yo no creería en el Evangelio, si a ello no me moviera la autoridad de la Iglesia", esto es, por modo de regla infalible que propone.

XII. Responde 2º Juan Gerhard en la pág. 806 que San Pablo habla no de cualquier iglesia cristiana sino sólo de aquella que es la Casa de Dios (como está en el texto) o en la que Dios habita por su gracia, la que sólo es la asamblea de los verdaderamente creyentes y de los santos; y que por ende este elogio sólo cuadra con la Iglesia invisible. Argumenta así a partir de aquello que San Pablo en el lugar citado había dicho nominalmente de la iglesia efesia a la que presidía Timoteo, de la que no podía decirse que fuera "columna y apoyo de la verdad" como quiera que in muchas cosas fuera hallada reprensible: de ella se atesta en Hechos 20, 29, en Apocalipsis 2, 4 y en la historia eclesiástica que en un sínodo público abrazó el eutiquianismo en el Año del Señor 449, como dice Evagrio en el Libro 1. de su *Historia*, cap. 10, y Nicéforo en su Libro 14, cap. 47.

XIII. Esta solución no subsiste. 1º Porque el mismo Juan Gerhard en la página antecedente, número 85, confiesa que este elogio también se tributa a toda la Iglesia visible, bien que primera y principalmente competa a la Congregación de los Santos que está latente en la Iglesia visible, pues a menudo —dice— la Escritura atribuye al todo lo que propiamente sólo conviene a una parte. 2º Juan Gerhard da vuelta el texto de Pablo, que dice así: "Te escribo esto [Timoteo] para que sepas cómo debes portarte en la casa de Dios, que es la Iglesia del Dios vivo, columna y apoyo de la verdad". Con estas palabras, el Apóstol no limita la Iglesia a la que atribuye aquella prerrogativa a la que es casa de Dios, sino que más bien limita la casa de Dios a la que es la Iglesia del Dios Vivo; porque la casa de Dios está más latamente a la vista que la Iglesia; porque cualquier hombre justo, en razón del Espíritu Santo que habita en él por la gracia, en la Escritura se dice casa o templo de Dios. Pero no puede propiamente ser dicho "iglesia". 3º Cualquier Iglesia, aún particular, en que está vigente el ministerio puro e incorrupto (como era entonces el caso de la iglesia efesia), así como puede absolutamente decirse santa aunque con los justos envuelva a pecadores, así también puede llamarse "Casa de Dios". Por lo tanto no era menester que el Apóstol limitase la Iglesia a aquella que es casa de Dios, siendo tal toda iglesia verdadera.

XIV. 4º Aunque el Apóstol en el lugar memorado destinase su epístola a Timoteo —a quien había constituido obispo de la iglesia efesia—, no obstante, como ésta fuera una verdadera parte de la Iglesia universal, y casa de Dios, si a Timoteo le instruye portarse bien en ésta, igualmente bien se portará en la Iglesia universal. Y por eso Pablo hace una digresión de la iglesia efesia para pasar a elogios que no le competen a ella (que era falible), sino que competen a la Iglesia universal visible, diciendo que es "la columna y apoyo de la verdad".

XV. A esto se añade que el Padre Agustín expone este testimonio de la Iglesia universal y visible en el libro 2 de su *Réplica a las cartas de Petiliano*, cap. 103, diciendo: "que es 'la Iglesia del Dios vivo, columna y fundamento de la verdad'[3], extendida por todo el orbe a causa del Evangelio, que se predica, como dice el Apóstol, 'a toda

---

[3] 1Tm 3,15.

criatura bajo el cielo'[4]; en nombre del orbe entero, sobre el cual dice David aquellas palabras que tú no entiendes: 'Tú asentaste el orbe, inconmovible'[5]". Véase también el Santo Doctor en *Sobre la unidad de la Iglesia*, cap. 24, tom. 7; San Jerónimo en su *Comentario al capítulo 2 de Ageo*, tomo 5 y otros en lugares diversos.

XVI. Dirás que si bien San Pedro en Gálatas 2, 9 se llama columna, sin embargo no por eso fue inmune a todo error. Por lo tanto lo mismo puede decirse de la Iglesia.

XVII. Respondo que no sólo San Pablo, sino también Santiago y San Juan se llaman columnas en el lugar citado con estas palabras: "habiendo, digo, conocido Santiago, Cefas y Juan, que eran considerados como columnas de la Iglesia, la gracia que se me había dado, nos dieron las manos, en señal de convenio, a mí y a Bernabé": Ahí no se dice que fueran

---

[4] Col 1,23.
[5] Sl 92,1.

columnas de la verdad, sino que se veían como columnas, esto es, que habían obtenido primado en la Iglesia de Dios. Además Pedro, por la prerrogativa especial de la infalibilidad por la que era apreciado de otros, aunque pecara negando a Cristo, así y todo no pudo errar en la fe y por un error judicial definiendo algo en su Cátedra, como lo hemos probado profusamente en el *Tratado de la Cabeza de la Iglesia*.

Johann Gerhard (1582 – 1637)

§ 2. Pruébase 3º la Verdad Católica y se muestra que si por imposible la Iglesia errase, un tal error habría de atribuirse a Cristo y al Espíritu Santo

I. Pruébase 3º. Porque, como se afirma comúnmente, toda promesa cae en débito, pues si es una promesa onerosa en materia de justicia y entraña ánimo de obligarse, pone en cuenta del que la hace, aunque sea Dios mismo, una obligación de justicia, como afirma la sentencia más probable de los teólogos en el *Tratado de la Encarnación y del mérito en común*. Es más: aunque no pase de una simple promesa o propósito eficaz con ánimo de obligarse a dar al beneficiario la cosa prometida, obliga a la fidelidad aún a Dios, de modo que no pueda negarse la cosa prometida sin infidelidad y mutabilidad. Así lo enseñan ahí mismo los teólogos y en diversos lugares los jurisconsultos. Y Cristo el Señor prometió a la Iglesia universal y visible la infalibilidad o inmunidad de error en los asuntos de la fe. Por lo tanto está obligado, al menos por fidelidad, a preservarla sin error en la fe. La consecuencia se infiere legítimamente de las premisas. La premisa menor se prueba por Mateo 16, 18: "Las puertas del infierno no prevalecerán contra ella". Allí por "puertas del infierno" San Jerónimo entiende "los vicios y pecados o las doctrinas de herejes por las que los hombres no leídos son conducidos al Tártaro". Pero prevalecerían contra la Iglesia si ésta faltase en la fe. Y es manifiesto que allí se trata de la Iglesia universal, porque contra las iglesias particulares a menudo han prevalecido las puertas del infierno. Oigamos además a San Agustín en el libro 1 de su *Sermón a los catecúmenos sobre el Símbolo de los apóstoles*: "Esta es la Iglesia santa, la Iglesia una, la Iglesia verdadera, la Iglesia católica, que lucha contra todas las herejías. Puede luchar, y, sin embargo, no puede ser vencida. Todas las herejías han salido de ella, como sarmientos inútiles cortados de la vid. Pero ella permanece entera en su raíz, en su cepa, que es su caridad. Las puertas del infierno no la vencerán". Además consta que San Agustín habla de la Iglesia visible porque de la invisible nunca salieron herejes que nunca estuvieron en ella, porque según sus inventores esa es la congregación de los santos y elegidos.

II. La segunda promesa está en Mateo 28, 19-20: "Id, pues, e instruid a todas las naciones […] Y estad ciertos que yo mismo estaré siempre con vosotros, hasta la consumación de los siglos". "Si bien cuando afrontareis vuestros ministerios indudablemente os ocurrirán obstáculos y persecuciones, teneos con ánimo fuerte, porque yo siempre estaré junto a vosotros como ayudador propicio; os dirigiré con asistencia especial." Juan 14, 18: "No os dejaré huérfanos"; Mateo 10, 19: "porque os será dado en aquella misma hora lo que hayáis de decir". ¿Cómo, entonces, pudieron errar los jefes de la Iglesia congregados en uno a quienes habrá asistido Cristo como magistrado supremo y absoluto y como director? Por cierto, que este testimonio debe entenderse de la Iglesia universal y visible, lo hemos demostrado en la cuestión precedente, § 1, nº 12, y la perpetuidad de la asistencia prometida hasta la consumación de los siglos muestra pertenecer no sólo a los Apóstoles, sino también a sus sucesores legítimos.

III. La tercera promesa está en Juan 14, 16: "Y yo rogaré al Padre, y os dará otro consuelo y abogado, para que esté con vosotros eternamente"; Juan 14, 26: "Mas el Consolador, el Espíritu Santo, que mi Padre enviará en mi nombre, os lo enseñará todo, y os recordará cuantas cosas os tengo dichas"; y Juan 16, 13: "Cuando venga el Espíritu de verdad, él os enseñará todas las verdades [*docebit vos omnem veritatem*]", o bien, como leen los adversarios, "os conducirá a toda verdad [*ducet vos in omnem veritatem*"*. En estas palabras se promete a los jefes de la Iglesia congregados en el Señor una asistencia especial y una inspiración continua del Espíritu Santo que los conduce a toda verdad. Además, que esta promesa se dirija no sólo a los Apóstoles, sino también a sus sucesores, lo indican aquellas palabras: "para que esté con vosotros eternamente, etc." como más arriba: "hasta la consumación de los siglos". Pero los Apóstoles en sus personas no habían de vivir eternamente. Ve a San Juan Crisóstomo en su *Comentario al capítulo 14 de Juan, Homilía 74*, tomo 8.

IV. Responde Juan Gerhard y con él Baltasar Meisner en su secc. 4, cap. 7 citado que estas promesas de asistencia especial y de inmunidad de error en la fe hechas a la Iglesia non son absolutas sino condicionadas; o sea que, si ella no iba a errar en la fe sino que iba a ser dirigida por el Espíritu Santo y por Cristo para siempre, eso sólo sería mientras ella siguiera la conducción de uno y otro y oyera, retuviera y conservara la Palabra de Dios; pero que puede darse que ella no oiga más a Cristo y a su Palabra, siendo regida por Él sólo de manera persuasiva y libre, y entonces le faltará una asistencia especial.

V. Esta evasión torna totalmente vanas las promesas divinas, porque de modo totalmente idéntico yo podría prometer a Pedro que no pecará mientras no transgreda ningún precepto y que no puede errar mientras siga la conducción del Espíritu

Santo y de la Sagrada Escritura. ¿Cuál es la prerrogativa o privilegio aquí? Así, pues, no es creíble que Cristo el Señor hiciera promesas tan ineptas. Y si bien la Iglesia podría no seguir o no oír la voz o la palabra de Cristo *por potencia antecedente*, de ningún modo es capaz de eso *por potencia consecuente* y en cuanto está bajo las promesas divinas de la asistencia especial del Espíritu Santo que está obligado a regirla para que no se desvíe de la verdad, si bien suavemente y sin perjuicio de la libertad, como suele decirse en el *Tratado de los auxilios*.

VI. Colige de lo dicho que Dios Padre o Cristo el Señor por la fuerza de sus promesas está obligado a apartar de su Iglesia todo error en la fe, ya sea por justicia, ya sea, al menos, por la fidelidad que lo obliga a ser fiel a lo prometido. Por justicia, si decimos que aquellas promesas son onerosas, o sea, hechas a la Iglesia o a sus superiores con la carga de enseñar a las naciones, instruir a los pueblos en la fe, conservar los mandatos de Dios, etc. Juan 8, 31: "Si perseverareis en mi palabra, seréis verdaderamente discípulos míos"; Juan 14, 15: "Si me amáis, observad mis mandamientos"; 1 Juan 2, 24: "Si os mantenéis en lo que oísteis al principio, también os mantendréis en el Hijo y en el Padre". En este sentido, bien que las promesas de la infalibilidad de la Iglesia sean *absolutas de parte del acto*, pueden empero decirse *condicionadas de parte del objeto*: no por *condiciones antecedentes* que por haber sido previstas hayan dado ocasión a la promesa, sino por *condiciones consecuentes*, o sea, adjuntas a la promesa que las acarrea consigo. Y de ninguna otra manera suele decirse que la voluntad eficaz de Dios de dar a los predestinados la gloria *es absoluta de parte del acto*, porque para tenerla ellos no lo mueven a Él ningunos méritos previstos como futuros, según la sentencia de los tomistas; pero *es condicionada de parte del objeto*, porque por aquel decreto Dios no quiere darles la gloria del todo gratuitamente, sino dependiendo de sus méritos, no méritos que presuponga aquella voluntad, sino que acarree infaliblemente por los auxilios de la divina gracia.

VII. De lo dicho consta claramente que por la fuerza de las promesas divinas se debe a la Iglesia una especial asistencia o providencia divina por la que sea regida de tal modo que no incida en ningún error en asuntos de fe. Por ende, si la Iglesia por posible o imposible incidiese en algún error contra la fe, esa clase de error habría de atribuirse a Cristo como a su causa especial. Pruébase esta consecuencia. Porque un error en la fe, así como cualquier pecado, se atribuye a aquel que tiene la capacidad y la obligación de impedirlo y no lo impide. Porque a un gobernador o juez que por su oficio está obligado a sujetar a sus inferiores e impedir sus pecados y no los impide pudiendo, con razón se le atribuyen las acciones vergonzosas cometidas por su negligencia. Y Cristo tiene la capacidad y la obligación, ya por justicia, ya por fidelidad en virtud de sus promesas, de preservar a la Iglesia Católica libre de todo error, como ya hemos mostrado. Por lo tanto, si la Iglesia incidiese en algún error, una tal caída se atribuiría a Cristo.

VIII. Confírmase. Dios acerca del pecado no puede exceder los límites de la permisión, como es manifiesto de suyo; de otro modo sería causa del pecado. Pero si denegare a la Iglesia la especial asistencia y providencia debida a la misma por la que ella sea preservada de todo error en la fe, excedería los límites de la permisión. Por lo tanto con óptimo derecho se le imputaría un tal error. La premisa mayor es cierta. La premisa menor se prueba. Porque permitir es abandonar al hombre a su naturaleza sin quitarle ni negarle algo debido con lo que pueda evitar el pecado. Por ende, exceder los límites de la permisión no es otra cosa que denegar o quitar al hombre algo debido al mismo con lo que pueda evitar el pecado, como sería el caso, verbigracia, si a un hombre tentado levemente y que quisiera producir un pensamiento congruo con que impedir un pecado, Dios le denegara el concurso general para un tal pensamiento y de allí se siguiera el pecado. Acerca de ello Dios excedería los límites de la permisión: y por ende a Él se le atribuiría un tal pecado como a su autor y causa especial. Así, pues,

Dios excedería los límites de la permisión si a la Iglesia le negare la providencia especial debida a ella por la que fuere preservada de todo error; y así a Él mismo se le atribuiría esta clase de error. Luego es tan imposible que la Iglesia Católica yerre en la fe como que Cristo el Señor, o Dios Padre, errare o pecare. Con esta razón prueban comúnmente los teólogos, en particular los tomistas, a base de la *Suma teológica* I, q. 63, a. 5, que un ángel no puede pecar en el primer instante de su creación, caso contrario su pecado se atribuiría a Dios, porque a la integridad de la naturaleza de aquél se le debe una providencia por la cual se aparte de él todo pecado por el que se lesionaría su integridad en el primer instante. Y a base de la Parte III, q. 11, a. 2 y q. 15, a. 1 y 2, enseñan que la humanidad de Cristo ni siquiera por potencia absoluta pudo errar o pecar, aún si se le hubiera retirado la visión beatífica, porque entonces el Verbo divino estaría obligado a dirigirla para que no pecara o errara, caso contrario excedería los límites de la permisión y a él se le atribuiría, como a autor especial, un tal pecado o error.

IX. Dirás que se supone falsamente como argumento que a la Iglesia se le deba una providencia preservativa de todo error al menos por un débito de connaturalidad que daría fuerza ideal al raciocinio hecho.

X. Contra esto digo: 1° Si bien es verdadero que a la Iglesia no se le debe una tal providencia absoluta y simplemente en razón de su naturaleza, sí se le debe por la suposición de las promesas divinas. Como a la humanidad de Cristo en razón de su naturaleza y según su propia esencia no se le debe una providencia preservativa de todo pecado, sí se le debe por la suposición de la gracia de la unión hipostática. De ahí que si bien las promesas hechas a la Iglesia son absolutas al menos de parte del acto, así y todo la inmunidad de la Iglesia de error no es absoluta sino que se verifica por la suposición de las promesas divinas, como se explica con el ejemplo aducido de la impecabilidad de la humanidad de Cristo. 2° No sólo ha de atribuirse pecado a quien quita o niega a alguien lo que se le debe por débito de connaturalidad, sino también al que le quita o niega lo que se le debe por justicia. Porque el que le quitara o negara a Pedro, verbigracia, su propia espada con que se defienda de un invasor, con razón se diría causa del homicidio de Pedro seguido de ahí, aún si la espada se debiera a Pedro por sola justicia. Y lo mismo es patente en muchos otros ejemplos de cuya recitación me abstengo en un asunto tan claro.

§ 3. Nuestra última prueba desciende a la arena y es vengada de los dardos de los adversarios

I. Pruébase por último nuestra verdad: una Cabeza moral y mística está obligada a regir su cuerpo y miembros místicos y a conservarla en lo posible libre de todo defecto y caída, de ningún otro modo que como la cabeza natural lo está con respecto a su cuerpo y miembros naturales. De modo similar el Esposo está obligado a regir y dirigir a su Esposa, de manera que la caída y falla del cuerpo se atribuiría con razón a la cabeza y la de la esposa al esposo si la origina su negligencia. Pero Cristo es la cabeza mística de la Iglesia Católica. Efesios 1, 22: "Ha puesto todas las cosas bajo los pies de él, y lo ha constituido cabeza de toda la Iglesia". Y también es el Esposo de la misma: Efesios 5, 23, y 2 Corintios 11, 2: "Pues que os tengo desposados con este único esposo, que es Cristo, para presentaros a él como una pura y casta virgen". Así, pues, Cristo como cabeza y esposo está obligado a regir a la Iglesia Católica de tal modo que no yerre en los dogmas de fe y costumbres. De no ser así, esa clase de errores con óptimo derecho se imputarían a Cristo.

II. Esta razón (de la que usa Belarmino) tratan de refutarla Juan Gerhard y Baltasar Meisner en los muchos lugares citados; y en efecto, 1°. Juan Gerhard objeta que Cristo es Cabeza y Esposo de la Iglesia en la medida en que ésta cual fiel esposa oiga la voz de su esposo y lo homenajee: de ahí se dice en Efesios 5, 25 que la Iglesia está sujeta a Cristo como la mujer a su marido. Por ende, al modo como una mujer que comete adulterio es repudiada por su marido, así también la Iglesia caída en la idolatría o herejía es repudiada por Cristo. Isaías 1, 21: "¿Cómo la ciudad fiel se ha convertido en una ramera?". Jeremías 3, 8: "que por haber sido adúltera la rebelde Israel yo la había desechado y dado libelo de repudio; y no por eso se amedrentó su hermana, la prevaricadora Judá, sino que se fue e idolatró también ella".

III. Respondo. Este argumento supone dos cosas falsas: 1° Que la mujer adúltera pueda ser repudiada por su marido no sólo en cuanto a la separación de lechos, sino en cuanto a la disolución del vínculo de matrimonio. Esto es falso, bien que la execrable praxis de nuestros adversarios lo sostenga. "Lo que Dios ha unido no lo desuna el hombre", responde Cristo a los fariseos en Mateo 19, 6. Y si bien el libelo de repudio fue permitido en la ley antigua, empero atesta el Salvador allí mismo (versículo 8): "A causa de la dureza de vuestro corazón os permitió Moisés repudiar a vuestras mujeres; mas desde el principio no fue así". Concilio Milevitano, cap. 17; Concilio Africano, cap. 69, Concilio Tridentino, sesión 24, canon 7, cap. *"Placuit cum multis"* y 32, q. 7, cap. *"Gaudemus de divortio"*. 2° Falsamente se supone que la Iglesia pueda por potencia consecuente, o partiendo de la suposición de las promesas divinas, no oír la voz de su esposo y deslizarse a la idolatría o herejía. Porque por la dicha suposición será inducida infaliblemente por el Espíritu Santo a toda verdad de fe, bien que sin lesión de su libertad: "pues como una virgen casta fue presentada a su único esposo que es Cristo" (2 Cor 11, 2). Esto también se verifica en la Iglesia del Antiguo Testamento, como hemos probado en la cuestión precedente. Porque aunque en el reino de Israel se eclipsara su esplendor, empero en el reino de Judá fue preservada; es más: hasta la muerte de Cristo no fue totalmente repudiada. Entonces la sucedió en su lugar la Iglesia de Cristo cuya figura ella fue hasta entonces. Y ésta (cuya alianza fue otorgada "sobre mejores promesas", como dice Hebreos 8, 6) nunca ha de ser repudiada, ni hasta ahora lo ha sido, pues permaneció y permanecerá incontaminada. Por eso en Oseas 2, 19 se dice: "y te desposaré conmigo para siempre".

IV. Objetan 2º que si la semejanza del matrimonio terrenal y el espiritual corriera con igual paso, se seguiría que así como la Iglesia como esposa de Cristo tiene el absoluto privilegio de no errar y la libre facultad de estatuir lo que quiere (como significan los Pontífices), así le será libre a la mujer terrenal disponer todas las cosas en materia económica a su antojo en desatención de la voluntad de su marido.

V. Respondo que si la semejanza del matrimonio humano y el espiritual consiste en que así como en los asuntos humanos la mujer está sujeta a su marido como a cabeza suya, así también lo está la Cabeza a Cristo, como se dice en Efesios 5, 25. Y de esta manera, así como el esposo en los asuntos humanos está obligado a regir a su esposa hasta donde pueda para que no sufra ningún mal o caída grande y a dirigirla en materia económica, así Cristo está obligado a velar sobre las acciones de su esposa la Iglesia para que no se deslice a ningún error contra la fe. De aquí Juan Gerhard infiere menos bien que la Iglesia tenga amplia potestad de estatuir lo que quiera en desatención de la voluntad de su esposo Cristo: porque esto ni lo querrá ella ni lo permitiría su esposo. Además no se sigue que la mujer terrena pueda en materia económica estatuir todo a su antojo en desatención de la voluntad de su marido; es más bien al contrario, porque la mujer debe estar sujeta al marido en su acción de regir la familia y ser dirigida según su voluntad y placer, según las palabras del Apóstol.

VI. Objétase 3° que cualquier iglesia particular y hasta cualquier justo es regido por Cristo como cabeza y esposo suyo y por el Espíritu Santo como alma suya; luego si la Iglesia universal es por eso indefectible en la fe, lo mismo habrá de decirse de las iglesias particulares y de los hombres justos.

VII. Respondo que la razón es desemejante, porque si Cristo es cabeza y esposo de las iglesias particulares y de cada uno de los justos, eso solo se verifica en sentido inadecuado y parcial, o sea, como de partes que componen su cuerpo místico y su esposa adecuada, única que está obligado a regir indefectiblemente.

VIII. Dirás: La cabeza natural está obligada a regir y dirigir no sólo su cuerpo adecuado sino también a cada uno de sus miembros de tal manera que permanezcan ilesos y no se distraigan en sus funciones. Lo mismo consta también en una cabeza moral, verbigracia en un gobernador o prelado, que están obligados a conservar no sólo la comunidad toda sino también a cada uno de los súbditos de todo defecto de pecado y error en cuanto humanamente puede. Luego Cristo como cabeza mística no sólo está obligado a preservar la Iglesia universal de todo error, sino también las iglesias particulares y a cada uno de sus miembros, pudiendo fácilmente prestarlo.

IX. Respondo concediendo el antecedente en cuanto a sus dos partes y negando el consecuente. La diferencia consiste en que la cabeza natural (e idéntico es el caso de la cabeza moral humana) está referida *por modo de provisor particular* que debe excluir en cuanto pueda todo defecto de aquel cuyo cuidado le fue encomendado. Pero Cristo el Señor está referido *por modo de provisor universal* que por un mayor bien del todo y por altísimos fines de la divina sabiduría suele permitir algunos defectos en los particulares, como enseña Santo Tomás en la *Suma teológica* I, q. 22, a. 2 ad 2: "quien cuida de lo particular, en la medida de lo posible evita los defectos; quien cuida de todo permite que en algo concreto aparezca algún defecto para que no desaparezca el bien del todo. Por eso, en las cosas naturales se dice que las corrupciones y los defectos van contra la naturaleza particular; y, sin embargo, entran dentro del plan de la naturaleza universal en cuanto que un defecto en uno es un bien en otro o en el todo; pues la corrupción de uno conlleva la generación de otro, y así se conserva la especie. Así, pues, como Dios es el previsor universal de todo ser, a su providencia pertenece el que permita la existencia de algunos defectos en cosas concretas para que no se pierda el bien del universo entero. Pues si se impidieran muchos males, muchos bienes desaparecerían del universo. Ejemplo: No existiría la vida del león si no existiera la muerte de animales; no existiría la paciencia de los mártires si no existiera la persecución de los tiranos. Por eso dice Agustín en el *Enchirid.*: *De ningún modo hubiera permitido Dios omnipotente la presencia del mal en sus obras, de no ser tan bueno y poderoso que del mal pudiera sacar un bien".* Hasta aquí Santo Tomás.

X. De aquí resulta que Cristo el Señor como provisor universal pueda permitir algunos errores y pecados en iglesias particulares y en miembros de la Iglesia universal. Esto puede ocurrir para diversos fines. Puede ser para que por esos errores y pecados se muestren o manifiesten los divinos atributos de la justicia, omnipotencia, misericordia, etc. Puede ser también porque los pecados de los predestinados son efectos de su predestinación en la medida que dan ocasión de mayor humildad, más ferviente penitencia, etc., como enseña la sentencia probable. Y puede ser, por fin, porque entre la gran caterva de los réprobos y pecadores brilla más claramente la pequeña grey de los elegidos y a ellos les sirven para su ejercicio y adelanto, como dice San Juan Crisóstomo en su *Homilía de Adán y Eva*: "Quita los perseguidores y no habrá mártires. Quita a los ebrios y no alabaremos a los sobrios." Y el Padre Agustín en el libro 11 de *La Ciudad de Dios*, cap. 18, dice: "No crearía Dios a nadie, ni ángel ni hombre, cuya malicia hubiera previsto, si a la vez no hubiera conocido cómo habían de redundar en bien de los buenos, y así embellecer el orden de los siglos como un hermosísimo canto de variadas antítesis". Y en el libro *Del Génesis a la letra*, cap. 12, inquiere: "Por qué fue creado el demonio, sabiendo Dios que sería malo?". Y responde: "No porque lo haya creado malo, sino porque, sabiendo que él se haría malo de propia voluntad para dañar a los buenos, lo creó para que de él se aprovecharan los buenos".

XI. Objétase 4º que si la Iglesia de por sí no puede errar por el regimiento especial de Cristo, su Esposo y Cabeza, entonces, por el mismo regimiento tampoco podrá pecar; de otra manera así como su error se atribuiría a Cristo, así también su pecado, que le repugna igualmente. Además se seguiría que por el regimiento de Cristo la Iglesia tampoco podría padecer alguna ignorancia, porque de otra manera ésta sería de atribuir con igual derecho a Cristo.

XII. Respondo que la Iglesia Católica (por la cual al presente entendemos ora la asamblea de todos los fieles juntamente con la cabeza, ora la asamblea de todos los obispos congregados por legítima autoridad) así como no puede errar en la fe según la totalidad de su ser, así tampoco puede pecar por la fuerza de las promesas divinas por las que Dios está obligado a apartar de ella todos los defectos de los que seguiría su ruina: pero si pecare según la totalidad de su ser, seguramente se destruiría, no siendo más santa: y, de paso, la iglesia invisible de nuestros adversarios se desvanecería por completo. Pero al modo como las iglesias particulares o los miembros de la Iglesia universal a menudo yerran en la fe, así también pueden pecar, porque a ellos no se extienden las promesas divinas. Y la Iglesia Católica aborrece más los pecados de infidelidad o errores en la fe que otros, porque por ellos se expulsa la fe, que es como su alma. De ahí que soporte en su regazo a otros pecadores para echar de sí a los herejes ni bien puede. En cuanto a lo que en la objeción se aduce sobre la ignorancia, digo que Cristo no está obligado a apartar de la Iglesia toda ignorancia de la que no se siga su ruina, ni se origina ningún gran mal si tan solo la dirige de tal manera que no se desvíe de la senda de la verdad en asuntos de fe.

XIII. Objétase por último: Dios también es esposo de toda alma santa, de cuyo matrimonio entienden los más de los intérpretes todos los coloquios del Cantar de los Cantares entre el Esposo y la Esposa. Y no por eso está obligado Dios Padre o Cristo a preservar al alma santa inmune de todo error en la fe, ni su error se atribuye a Dios Padre o a Cristo. Por lo tanto, aunque Cristo sea el Esposo de la Iglesia Católica, no por eso estará obligado a conservarla indefectible en las verdades de la fe.

XIV. Respondo que es dispar la razón de cada una de las dos clases de matrimonio, porque el matrimonio de Dios y el alma santa, mientras ésta peregrina en esta vida, es disoluble, y por eso muchos, no incongruamente, lo llaman esponsales; y no se le confiere la dote hasta tanto perseverare en gracia hasta el fin y, soltada del cuerpo, sea introducida en la casa celestial del Esposo; porque es entonces que por primera vez es condecorada con la dote de la que habla Santo Tomás en la *Suma teológica* I-II, q. 4, a. 8. Esto es signo de que antes no ocurrió un matrimonio rato e indisoluble. Y por ende en el decurso de esta vida Cristo deja al alma "en manos de su consejo"[6] y no está obligado a mantenerla estable en la verdad o el bien. Mas el matrimonio que ocurre entre Cristo y la Iglesia es totalmente indisoluble, según aquello de Oseas 2, 19: "y te desposaré conmigo para siempre". De aquí que por el matrimonio indisoluble se represente el temporal, según Efesios 5, 32: "Sacramento es este grande, mas yo hablo con respecto a Cristo y a la Iglesia".

---

[6] Eclesiástico 15,14.

Biblia (luterana) de Gustavo Vasa (1541)

§ 4. Pruébase nuestra verdad por los Santos Padres

I. Confirman por fin nuestra verdad unánimemente los Santos Padres. Acérquese de entre ellos San Juan Crisóstomo con su *Homilía 55 sobre el Capítulo 16 de Mateo*, tomo 7: "Y las puertas del infierno no prevalecerán contra ella. Ya que le promete dos cosas que Dios solo puede conceder: una, el remitir pecados, y la otra, hacer que en medio de la embestida de tantas y tan grandes olas que la atacan bruscamente, permanezca inmóvil la Iglesia cuyo Pastor y Cabeza, un modesto hombre pescador, supere en solidez la naturaleza del diamante mientras el orbe de la tierra se levanta contra él. Todas estas cosas —digo— promete dar. Así también el Padre decía a Jeremías: '[Puesto que en este día] te constituyo [como una ciudad fuerte y] como una columna de hierro, y un muro de bronce [contra toda la tierra esta; contra los reyes de Judá, y sus príncipes, y sacerdotes, y la gente del país]'[7].

---

[7] Jer 1,18.

Pero a éste lo prepuso a una sola nación; a aquél [a Pedro], en cambio, Cristo lo prepuso a todo el orbe de la tierra." Véase la *Homilía 4 sobre las palabras de Isaías*, tomo 3, dice: "¡Por cuántos ha sido opugnada la Iglesia, pero nunca vencida!".

II. San Agustín en su *Sermón a los catecúmenos sobre el Símbolo de los apóstoles*, libro 4, cap. 13 al final del tomo 9, explicando el lugar de Efesios 5, 15, dice: "Conózcase como una única, santa y verdadera reina la Católica; a la que Cristo rigió de tal manera que, al difundirla por todo el mundo al paso de purificarla de toda mancha y arruga, la preparó toda hermosa para su advenimiento". Y en su *Carta 118 a Genaro* dice: "A esto respondo así: Si lo prescribe la autoridad de la divina Escritura, no ha de dudarse que debemos hacer como leemos: para que ya no disputemos acerca de cómo hacer, sino cómo entender el Sacramento, y semejantemente también acerca de si la Iglesia hace frecuente uso de todas estas cosas, la Iglesia entera a través del mundo — es decir a través de las muchas edades de éste. Porque disputar a base de este uso en contra del mismo es insolentísima insania." Así se lee también en el *Libro 1 contra Cresconio*, cap. 33, y a menudo en otras partes.

III. Responde Juan Gerhard en la página 318 que San Agustín en la dicha carta habla de adiáforas[8] en las que ha de seguirse la costumbre común de la Iglesia. Dice también que en el último lugar citado el mismo santo apelaba a la autoridad de la Iglesia sólo en la cuestión de la que entonces trataba, esto es, que no habían de rebautizarse los bautizados por herejes.

IV. Contra esto digo que entre las adiáforas nuestros adversarios cuentan todas las cosas que no están contenidas expresamente en la Sagrada Escritura. Así, pues, en todas estas cosas ha de seguirse la autoridad y costumbre de la Iglesia. ¿O por

---

[8] Adiáfora: Variante textual cuya fidelidad o desviación respecto al original no puede establecerse o bien no altera sustancialmente el sentido.

qué en la cuestión de no rebautizar a los herejes habría de apelarse más a la autoridad de la Iglesia que en otras que no están declaradas en las Sagradas Letras?

VI. Oigamos finalmente a San Ambrosio en su *Libro 2 sobre el capítulo 3 de Lucas*, tomo 3: "La Madre de los vivientes es entonces la Iglesia […] He aquí la Mujer que es la madre de todos; he aquí la Ciudad que vive eternamente, porque no sabe morir; porque ella es la ciudad de Jerusalén que ahora se ve en la tierra". Y enseguida: "Y ésta es amada por Cristo como Esposa gloriosa, santa, inmaculada y sin arruga". Ver también San Jerónimo *Sobre Mateo 16*, tomo 6, y *Sobre Efesios*, cap. 3, tomo 6.

VII. San Gregorio en su *Comentario al 5º Salmo penitencial*, tomo 2, comenta a aquellas palabras: "¡Oh Señor!, tú eres el que al principio creaste la tierra"[9]: "El mismo mediador de Dios y los hombres dijo al Príncipe de los Apóstoles: 'Tú eres Pedro y

---

[9] Sl 101,26.

sobre esta piedra edificaré mi Iglesia'. Porque él es la Piedra de la que Pedro tomó su nombre y sobre la cual dijo que edificaría la Iglesia. Y la tierra se llamó Iglesia, ya porque es exuberante en la mies de los pueblos fieles por su fecundidad espiritual, ya porque persevera inmóvilmente en la solidez de la fe por su perpetua firmeza. De ahí que también se diga por Salomón: 'la tierra queda siempre estable'[10]. Ciertamente la tierra se dice quedar siempre estable porque la Santa Iglesia en este mundo de ningún modo faltará a la fe Católica y en lo futuro permanecerá con Dios en estabilidad eterna. Porque que en esta vida no ha de ser quebrada por ningunas adversidades ni superada por ningunas persecuciones, lo muestra evidentemente el mismo sobre quien está edificada al decir: 'las puertas del infierno no prevalecerán contra ella'. Las puertas del infierno son las herejías." Y en su Libro 9 de *Moral.*, cap. 6, tomo 2 dice: "Piénsese también que [la estrella] Arturo siempre oscila y nunca se hunde, porque

---

[10] Eclesiastés 1, 4.

también la Santa Iglesia soporta las persecuciones de los inicuos sin cesar, pero con eso y con todo perdura sin defecto hasta el término del mundo". Véase San León, *Sermón 2 para el Natalicio de Pedro y Pablo*.

VIII. San Cipriano en su *Carta 73* dice: "El agua de la Iglesia, fiel, saludable y santa, no puede corromperse ni adulterarse, como también la misma Iglesia es incorrupta, casta y púdica".

IX. San Teófilo Alejandrino en su *Carta 77 a Epifanio*, inscripta en las obras de San Jerónimo, tomo 2, dice: "En cada tiempo distinto el Señor da copiosamente la misma gracia a su Iglesia para que conserve un cuerpo íntegro y en nada prevalezcan los dogmas de los herejes; y esto ciertamente lo vemos cumplido ahora, porque la Iglesia de Cristo, que no tiene mancha ni arruga ni nada así, truncó con la evangélica espada las culebras de Orígenes que salían de sus cavernas".

X. San Hilario en su *Libro 7 sobre la Trinidad* dice: "Porque esto es propio de la Iglesia, que venza siendo herida, que entienda siendo contradicha, que conserve siendo abandonada". Y otros dicen otro tanto en lugares diversos.

AETHERNA IPSE SVAE MENTIS SIMVLACHRA LVTHERVS
EXPRIMIT AT VVLTVS CERA LVCAE OCCIDVOS

·M·D·X·X·

Lutero como monje agustino, por Lucas Cranach (1520)

§ 5. Disuélvense fundamentos de protestantes

I. Objetan nuestros adversarios 1º: En el tiempo de Miqueas, todos los profetas que eran cuatrocientos erraron excepto Miqueas solo, como está patente en el Libro 2 de las Crónicas, 18, 22. Por lo tanto fue engañada la Iglesia que seguía a aquellos profetas como debía.

II. Respondo 1º: Es probable que estos cuatrocientos profetas fueran pseudoprofetas; y eso es lo que colige Belarmino de las palabras del rey Josafat, que después que oyó a aquellos cuatrocientos profetas anunciando cosas prósperas y diciendo que había de ascender a Ramoth de Galaad, como quien no confiase en su predicción, preguntó: "¿No hay aquí algún profeta del Señor, a fin de consultar por medio de él?"[11]. Y Acab respondió: "Uno ha quedado, por cuyo medio podemos consultar al Señor, mas yo lo aborrezco,

---

[11] 1Re 22,7.

porque nunca me profetiza cosa buena"[12].

III. Respondo 2°: Aunque concedamos que aquéllos fueron profetas verdaderos, aún así no erraron en asuntos de fe por definirse, o en cuestiones universales de Derecho por proponerse a toda la Iglesia (en las cuales afirmamos que la Iglesia toda o un Concilio ecuménico no puede errar), sino en una cuestión de hecho particular, y aún esto por una especial permisión de Dios, que ahí mismo en el versículo 23 se dice que dijo: "el Señor ha puesto espíritu de mentira en la boca de todos los profetas", para engañar al impío rey Acab para que ascienda y perezca en Ramoth de Galaad. Y no negamos que la Iglesia puede errar al portar juicio sobre cuestiones particulares de hecho, como hemos dicho en otra parte.

IV. Respondo 3°: Aunque los dichos del profeta errasen en asuntos de fe, no por eso se arguye cosa alguna contra nosotros, que confesamos que en el tiempo de Acab

_____

[12] 1Re 22,8.

en el reino de Israel la Iglesia desertó y adulteró y que por eso Dios la abandonó y le dio libelo de repudio. Jeremías 3, 8. En cambio floreció entonces la sinceridad de la fe y el culto del Dios verdadero en el reino de Judá bajo el piadoso rey Josafat, como hemos mostrado en la cuestión precedente, § 6, donde hemos respondido abundantemente a otras cosas que aquí repite Juan Gerhard.

V. Objétase 2º Isaías 56, 9-11: "Vosotras las bestias todas del campo, todas las fieras del bosque, venid a devorar la presa. Ciegos son todos sus atalayas, ignorantes todos, perros mudos impotentes para ladrar, visionarios, dormilones y aficionados a sueños vanos. Y estos perros sin rastro de vergüenza jamás se ven hartos de rapiñas. Los pastores mismos están faltos de toda inteligencia; todos van descarriados por su camino, cada cual a su propio interés desde el más alto hasta el más bajo." Ahí el profeta habla de los sacerdotes y pastores de Jerusalén, a todos quienes llama perros ciegos, mudos e ignaros. Y no estaban afectados por otra ceguera que la de la idolatría. Por lo tanto entonces todos los sacerdotes y pastores jerosolimitanos (que representaban a la Iglesia) erraron en la fe.

VI. Respondo que Isaías profetizó bajo Usías, Joatam, Acaz y Ezequías reyes de Judá, de quienes solo Acaz fue idólatra: por lo tanto las increpaciones del profeta han de referirse a los sacerdotes y pastores que vivieron en tiempos de éste. Así y todo, si bien estos cayeron en su mayor parte en la idolatría juntamente con el pueblo siguiendo el ejemplo del rey, sin embargo perseveró un grupo nada innoble de fieles de los sacerdotes y del pueblo, aún en aquel tiempo, que ejercían el culto del Dios verdadero en antiguos altares de las alturas, como se colige del mismo Isaías 56, 10. Y por aquellas palabras universales: "Ciegos son todos sus atalayas", se denota que entonces desertó la mayoría, no la totalidad, lo cual es familiar en las reprensiones de la Sagrada Escritura. Ve las cosas que sobre este asunto hemos dicho en la cuestión precedente, § 7.

VII. Objétase 3º: Quien tiene un privilegio absoluto de no errar no tiene por qué ser amonestado para que se cuide de caer. Pero a menudo se amonesta a la Iglesia que se cuide: "Guardaos de los falsos profetas que vienen a vosotros disfrazados con pieles de ovejas"[13]; "Guardaos de la levadura de los fariseos y saduceos"[14]; "Velad sobre vosotros y sobre toda la grey"[15]. Luego no tiene el privilegio absoluto de no errar.

VIII. 1º Nuestros adversarios mismos confiesan que estos lugares se entienden de las iglesias particulares que son falibles. Así lo dicen Juan Gerhard en la pág. 795 y Baltasar Meisner en la pág. 662. 2º Aún si concedemos que estas amonestaciones se extienden a la Iglesia universal, no por eso se sigue que ella no tenga el privilegio absoluto de no errar, porque para que pueda ser amonestada así basta que sus miembros

---

[13] Mt 7,15.
[14] Mt 16,6.
[15] Hch 20,28.

particulares, que están puestos bajo su cuidado, puedan desertar. Por lo tanto no por nada se amonesta a los Prelados de la Iglesia a que atiendan a sí mismos y a la grey universal, porque los particulares son falibles.

IX. Replicarás que un todo que resulta de partes falibles necesariamente es falible, como de muchos corruptibles resulta un corruptible. Pero la Iglesia universal es un todo agregado que se constituye de partes falibles como son las iglesias particulares y los fieles individuales, que son falibles y pueden errar. Por lo tanto la misma Iglesia universal es falible.

X. Respondo distinguiendo la premisa mayor. Que un todo resultante de partes falibles sea falible y defectible intrínsecamente y a partir de su naturaleza, concedo la premisa mayor. Que sea falible extrínsecamente, subdistingo. Si se da la promesa de su director infalible de su infalibilidad y preservación del error, niego la premisa mayor. Si no, la concedo. Por lo tanto, aunque la Iglesia universal sea intrínsecamente falible por la razón dicha, igual es infalible extrínsecamente como que está subordinada a las promesas divinas y a la asistencia especial del Espíritu Santo. Porque si Dios quisiera eficazmente conservar eternamente incorrupto, verbigracia, un bucéfalo, éste sería a la vez corruptible intrínsecamente e incorruptible extrínsecamente. O si decretara eficazmente destruir al Arcángel Gabriel al año siguiente, él sería incorruptible intrínsecamente y corruptible extrínsecamente. A esto añade que a menudo algunas cosas competen a un todo colectivo que en sentido dividido no cuadran con sus partes, verbigracia, todos los ciudadanos de Erfurt tomados juntamente pueden defender la ciudad, como suponemos, pero no los individuos en sentido dividido. Semejantemente, nadie puede evitar todos los pecados veniales por largo tiempo sin un privilegio especial de Dios, pero sí los pecados individuales en sentido dividido.

XI. Objétase 4º que el Colegio Apostólico, que representaba la Iglesia de Cristo, erró aún después de la resurrección de Cristo, pensando que su reino iba a ser terreno. Hechos 1, 6: "Entonces los que se hallaban presentes, le hicieron esta pregunta: Señor, ¿si será éste el tiempo en que has de restituir el reino a Israel?". Es más: después de la Ascensión de Cristo y el advenimiento del Espíritu Santo toda la Iglesia visible se ve haber errado por algún tiempo acerca de la doctrina de la vocación de los gentiles, pensando que el Evangelio había de predicarse a los judíos solos, como a simiente de Abrahán y pueblo elegido de Dios, y de ninguna manera a los gentiles. De ahí que San Pedro fue amonestado por una visión divina[16] para que fuera al gentil Cornelio "sin el menor reparo". Dice Baltasar Meisner que esto es signo de que antes él dudó si esto fuera lícito. De aquí que en Hechos 11, 2 Pedro es acusado de este hecho como de algo ilícito de lo cual allí también es obligado a dar razón a toda la

_____

[16] Hch 10,20.

Iglesia. Además Pedro, de quien se dice que fue la cabeza de la Iglesia, no entendía (dice Juan Gerhard) la abrogación de la ley ceremonial, por lo que afirmaba que algunas comidas todavía eran impuras: véase ahí mismo en Hechos 10, 14. Después Pablo atesta claramente sobre ello en Gálatas 2, 14: "que no andaban derechamente conforme a la verdad del Evangelio".

XII. Respondo: Para que de alguien se diga que yerra en la fe no basta que dude de cualquier manera, sino que se requiere que en cosas reveladas mediata o inmediatamente por Dios disienta positivamente con pertinacia. No fue así el error de los discípulos de Cristo cuando dudaban si el reino de Cristo iba a ser terreno y si era lícito predicar el Evangelio a los gentiles y si la ley mosaica en puntos ceremoniales y judiciales había sido completamente abrogada, etc. Porque acerca de estas verdades, al menos antes del advenimiento del Espíritu Santo, no fueron iluminados suficientemente ni ellas les fueron propuestas suficientemente. Ni siquiera entendían el mismo misterio de la resurrección antes que Cristo resucitase de hecho, según aquello de Juan 20, 9: "aún no habían entendido lo que dice la Escritura, que Jesús debía resucitar de entre los muertos". Por lo tanto es falsamente que Juan Gerhard y Baltasar Meisner afirman que la duda de los discípulos de estas verdades fue un error en la fe, pues más bien fue una ignorancia invencible e inculpable. Y aunque después del advenimiento del Espíritu Santo fueron instruidos sobre todas las verdades de la fe, sin embargo eso no fue de manera simultánea sino sucesiva. De ahí que todavía quedaron algunas dudas acerca de algunas verdades hasta que, mejor iluminados por el Espíritu Santo, las iban venciendo con el decurso del tiempo.

XIII. En cuanto a aquello de Gálatas 2, 14, admito que San Pedro fue reprensible por una simulación incauta por la que al llegar a él algunos judíos, se sustraía a algunas comidas prohibidas por la ley de Moisés de las que antes de la llegada de los mismos usaba indiscriminadamente. Así simulaba guardar los usos legales. Pero esta simulación incauta (que sólo fue un pecado venial oriundo de la mera inconsideración) no era un error judicial de la fe, sino uno de hecho, porque él bien creía que era de fe que la diferenciación legal de las comidas había sido abrogada desde hacía tiempo, instruido por Hechos 10, 15: "Lo que Dios ha purificado, no lo llames tu impuro". Así y todo, eso fue alguna manera de error *no de predicación sino de comportamiento*, como dice Tertuliano en su libro *Prescripciones contra todas las herejías*; porque San Pedro no definió que hubiera que guardar los usos legales, sino más bien lo contrario, como se lee en Hechos 15. Pero fue lícitamente reprendido por San Pablo, porque es irreprochable que un inferior o súbdito corrija a su superior cuando peca, habiéndole mostrado la debida reverencia y caridad, tantas veces como se espera una utilidad para él o para el prójimo o se ve que su caída redundará en la ruina de muchos. Este asunto lo hemos abordado extensamente en el *Tratado de la cabeza de la Iglesia*, disp. 1, duda 1, § último.

XIV. Además, aunque San Pedro negara a Cristo el Señor, sin embargo no pecó contra la fe, sino más bien contra la veracidad, porque verdaderamente conocía a Cristo, a quien de mejor modo poco antes había gloriosamente creído ser el Hijo del Dios vivo; por ende fue falsamente que afirmó "no conocer a ese hombre". Con todo, no perdió la fe, porque ésta sólo se pierde por un pecado pertinaz de infidelidad, y no fue así el pecado de la negación de Pedro al que siguió tan pronta y amarga penitencia. Añade que entonces él no era Sumo Pontífice, pues fue inaugurado como tal en Juan 21, 15 después de la resurrección con aquellas palabras: "Apacienta mis ovejas", como hemos mostrado en el lugar citado.

XV. Objétase 5º que San Agustín en su *Sermón 33 sobre el tiempo litúrgico* dice: "Ha de saberse que debemos creer a la Iglesia, no creer en la Iglesia, porque la Iglesia no es Dios, sino la Casa de Dios". Por consiguiente la autoridad de la Iglesia no es tan infalible que nuestra fe se pueda apoyar en ella como en la regla del creer.

XVI. Respondo que el Santo Doctor sólo quiso decir que no hay que creer del mismo modo en Dios y en la Iglesia, como él mismo se explica en la *Homilía 3 a los neófitos* con estas palabras: "No del modo como creemos en Dios creemos en la Iglesia Católica, que es Santa y Católica porque ciertamente cree en Dios". Acerca de esto Santo Tomás en la *Suma teológica* II-II, q. 2, a. 2 distingue tres actos de fe acerca de Dios que al menos en la razón son distintos. El primero es *creer por Dios*, a saber, por Él como quien testifica y revela como razón formal y motivo del creer: de esta manera no creemos por la Iglesia, sino sólo en cuanto ella es la infalible regla del proponer y del explicar revelada a nosotros. El segundo acto es *creer a Dios*, a saber, como quien existe en la naturaleza de las cosas, porque esto se nos da a conocer por la divina revelación: de este modo también creemos que hay una Iglesia que es una, santa y católica. El tercer acto es *creer en Dios*, a saber, en la medida que por el imperio de la voluntad el acto de fe tiende a

Dios como verdad primera y fin último nuestro: de esta manera dice San Agustín que no podemos creer en la Iglesia, no siendo ella Dios o nuestro fin último, sino la Casa de Dios.

XVII. Objétase 6° San Gregorio en el citado Libro 5 de las *Decretales*, tít. 39, cap. 28 donde se lee: "El juicio de Dios siempre se apoya en la verdad que ni engaña ni es engañada; en cambio el juicio de la Iglesia a veces sigue la opinión, a la que a menudo le sucede engañar y ser engañada; por lo cual cada tanto sucede que el que está atado ante Dios está desatado ante la Iglesia". Así, pues, con su propia boca el Pontífice confiesa que la Iglesia tiene un juicio falible.

XVIII. Respondo que los jueces de la Iglesia en sus juicios contenciosos (de los que se habla en el lugar citado) a menudo se engañan al administrar la disciplina eclesiástica, porque a menudo atan con censura de excomunión a quien claramente es inocente y está desatado ante Dios; al contrario, a veces absuelven a quien realmente ha de ser condenado. Pero estos jueces particulares no representan a toda la Iglesia ni las cuestiones son de derecho y concernientes a la fe o religión, sino que son de hecho y dependientes de los testimonios y deposiciones de los hombres, en que también reconocemos que el Sumo Pontífice juntamente con un Concilio general puede errar, como con un decreto público de todos los sacerdotes y profetas fue adjudicado a la muerte Jeremías profeta. Jeremías 26, 11. De un modo no desemejante algunos dicen que el Concilio Sexto erró en la condenación del Papa Honorio juzgándolo haber sido monotelita a base de testimonios de hombres, cuando realmente no lo fue, como enseña Juan de Torquemada el su *Libro 1 sobre la Iglesia*, cap. 93. De este asunto se trata extensamente en otra parte.

XIX. Por último objeta Guillermo Ames, calvinista, en su *Libro 2 sobre la Iglesia*, cap. 2, nº 9, según la sentencia de Inocencio I en su *Carta decretal a los Padres del Concilio Milevitano*, que es la nº 26 entre sus cartas, y San Agustín en su *Libro 1 contra Juliano*, c. 4 y

Libro 3, c. 11 y *Libro 2 contra las dos cartas de los Pelagianos a Bonifacio*, cap. 4, al final y frecuentemente en otras partes, que la Eucaristía dada a los niños [sin uso de razón] fue necesaria para la salvación. Esto afirma San Agustín que fue definido en los lugares citados por Inocencio I en dicha decretal. Esta sentencia —dice Ames— estuvo vigente en la Iglesia por seiscientos años. Pero la sentencia contraria ya ha sido aceptada por ella, incluso en el Concilio de Trento, sesión 21, canon 4 fue definida con estas palabras: "Si alguno dijere, que es necesaria la comunión de la Eucaristía a los niños antes que lleguen al uso de la razón; sea excomulgado". Luego es necesario afirmar que el papa Inocencio con San Agustín y toda la Iglesia primitiva por seiscientos años erraron enseñando lo primero, o el Concilio de Trento con la Iglesia moderna enseñando lo segundo.

XX. Respondo que nunca en la Iglesia Católica estuvo vigente la sentencia de que la recepción real de la Eucaristía fuese necesaria con necesidad de medio para la salvación, no sólo a los niños [sin uso de razón], sino tampoco a los adultos. En efecto, esto está enumerado entre los errores de los armenios, que por eso daban la comunión a sus infantes después del bautismo, como refiere Valdense en el *Libro de los sacramentos*, cap. 91. Y sólo eso es condenado en el Concilio de Trento. Pero los teólogos en los lugares conmemorados comúnmente explican a Inocencio y San Agustín como refiriéndose a la recepción no real sino espiritual; porque sólo quisieron decir que el Sacramento de la Eucaristía era necesario al menos en deseo a todos, aún a los niños [sin uso de razón], para conseguir la salvación eterna, según aquello de Juan 6, 54: "Si no comiereis la carne del Hijo del hombre, y no bebiereis su sangre, no tendréis vida en vosotros". Este deseo está implícito en la misma voluntad de recibir el bautismo. Porque al modo como otrora quien era circuncidado era por eso mismo deudor de cumplir la ley, como dice San Pablo, y por la misma circuncisión profesaba la ley entera, así quien es bautizado se hace por eso mismo deudor de guardar toda la ley evangélica, y en cierto modo habitual e implícito profesa y promete guardar todos los preceptos de esta ley, entre los cuales no ocupa un lugar ínfimo el precepto divino de recibir la Eucaristía en el tiempo debido. Y por ende en la misma recepción del bautismo está implícitamente incluido el deseo de la Eucaristía, como se dirá en su lugar. Lo mismo se encuentra también en la Penitencia, tanto como virtud cuanto como sacramento incluye el propósito de cumplir toda la ley.

XXI. Replicarás que la praxis de la Iglesia primitiva fue que se confiriera el sacramento de la Eucaristía a los infantes que dejaban esta vida infundiéndolo a la boca de los mismos bajo la especie del vino. Y no habría hecho esto si no hubiera juzgado que no sólo el deseo sino también la recepción real de la Eucaristía era necesaria a los niños [sin uso de razón] para su salvación. Por ende Inocencio I y San Agustín han de entenderse como que se referían a esta recepción real.

XXII. Respondo con el Concilio de Trento, tomando el lugar citado en el capítulo 4, que aquella costumbre no era universal de toda la Iglesia, sino que era propia de algunas iglesias particulares. Y los Santos Padres no usaron esa praxis porque juzgaran que la comunión recibida en la realidad fuera necesaria a los niños [sin uso de razón] para su salvación, sino por otras congruencias razonables para la razón de aquel tiempo. De ahí que Guillermo Ames dice mendazmente que el Concilio de Trento denunciase con anatema al papa Inocencio y a Agustín con toda la Iglesia de su edad. Porque lo contrario aparece en el Concilio de Trento en estas palabras del capítulo 4 de la sesión 21: "Ni por esto se ha de condenar la antigüedad, si observó esta costumbre [a saber, dar la comunión a los niños sin uso de razón] en algunos tiempos y lugares; porque así como aquellos Padres santísimos tuvieron causas racionales, atendidas las circunstancias de su tiempo, para proceder de este modo; debemos igualmente tener por cierto e indisputable, que lo hicieron sin que lo creyesen necesario para conseguir la salvación".

Otras cosas que respectan aquí se discuten más cómodamente en los tratados *Sobre la cabeza de la Iglesia* y *Sobre los concilios*; y Juan Gerhard y Baltasar Meisner amontonan aquí otros muchos dogmas especiales de la Romana Iglesia que ellos mismos piensan que son erróneos que he juzgado superfluos en la presente cuestión pues requieren tratados especiales.

ÍNDICE

Otros títulos publicados en
VOCE

LIBROS

Misión en Brasil: Aventuras y fundaciones de un agustino recoleto
Mariano Bernad Sanz

*

Contra Descartes
(*Censura Philosophiae Cartesianae*, 1689)
Pierre–Daniel Huet

*

¡Gracias al conciliábulo!
Escritos sedevacantistas
Patricio Shaw Mihanovich

*

Vida de la Iglesia
Marie–Raymond Cathala

*

El emblema central-circunferencial
entre grandes pensadores
Patricio Shaw Mihanovich

*

Cómo sobrevivir al Nuevo Orden Mundial:
Un manual de trinchera
(2.ª edición ampliada)
José Antonio Bielsa Arbiol

OPÚSCULOS

¿Puede la idea de sanción
servir para probar a Dios?
Antonin–Dalmace Sertillanges

*

Filosofía del poema sonoro: Nietzsche,
Richard Strauss y la voluntad de poder
José Antonio Bielsa Arbiol

*

Epicteto:
Iniciación al *Enquiridión*
José Antonio Bielsa Arbiol

*

La muerte de la Novela:
Consideraciones polémicas
José Antonio Bielsa Arbiol

*

Ecos de hélices lejanas:
Un siglo de música futurista
José Antonio Bielsa Arbiol

*

Menéndez Pelayo: La conciencia de España
(Una revisión filosófica)
José Antonio Bielsa Arbiol

*

Richard Wagner:
Metafísica y drama
José Antonio Bielsa Arbiol

Esta primera edición de
EL ERROR
LUTERANO
se da a imprimir el 12 de abril de 2022,
festividad de San Julio I.

LAUS DEO

Printed in Great Britain
by Amazon